작가의 말

툭
수영장을 향하는 발걸음
툭
샤워기에서 떨어지는 물방울
툭
수영장 천장에서 떨어지는 습기 한 방울
툭
발등으로 때리는 물자국
툭
수영가방에서 떨어지는 물 덩어리

좋아하는 소리, 반짝이는 순간

깍지 낀 손을 머리 위로 쭈-욱 늘리고 있으면
하늘색 타일 카펫을 깔고
사람을 기다리는 맑은 물이 눈에 비친다
머리 위로 쭈-욱 늘린 팔을 언제든 삼켜낼 수 있다며 보란 듯이
맞닿기 직전의 우리는
울림이 일어나기 전 우리는
파도치기 일보 직전 우리는
숨을 마음대로 쉴 수 없기 전 나는
기분 좋게 만나기 직전
물과의 보이지 않는 대치에 긴장을 꿀꺽 삼키고
보란 듯이 풍덩 뛰어들면 이는 물보라

'무서워봤자 물이지' '좋아져봤자 삶이지'

차례

1부

작가의 말	5
삶이 간지러울 때가 있다	12
수영은 시와 같다	20
물에 빠져 죽으면 어떡하지?	28
예쁜 수영복	36
같이 하는 혼자만의 싸움, 수영	44
수영을 하기 전, 경건한 의식	50
나의 무례한 사람들	58
좋아하는 걸 계속 하는 힘	66

2부

버터플라이로 날아오르다	72
생존본능과 경쟁본능	80
멀리 점프하는 개구리가 되자	84
지혜로운 헤엄	92
플립턴	96
가장 못하는 걸 꾸준히 하기	100
고뇌와 우울은 수용성	106
지구력 기르기	110
습관의 확장	114
삶의 폭죽	116

1부

삶이 간지러울 때가 있다

상처를 입을 정도로 긁어대고, 때로는 크림을 잔뜩 바르고 문질러대도 해결되지 않는 간지러운 삶, 그 삶은 노력이 아닌 시간으로 잊힌다. 간지러움은 그 스스로 느낌이 망각되어 지워지니까. 수영을 시작했던 건, 몸속이 안달복달 몹시 근지러웠기 때문이다. 시간은 여유롭고 삶은 팍팍한 프리랜서의 시간은 간지럽다 못해 근지러웠다. 기왕이면 수많은 발짓을 감추고 떠다니는 백조처럼 보이고 싶었다. 필라테스를 배우려고 했었다. 여유가 눈으로 보이는 운동이었기 때문에. 근육을 늘리고 시간을 호흡하면 진정한 여유가 찾아올 거란 기대로. 하지만 더위가 진저리 나게 몸을 괴롭히고 있었다. 어느 날 땀이 머리에서 송골송골 맺혀 다리로 흘러내릴 때 수영장을 지나쳤고, 더위로 정신이 아득해진 나는 홀리듯이 수영을 등록하고 말았다.

물을 정말이지, 너무나, 몹시 무서웠다. 바다든 계곡이든 무릎 위로 물이 차오르는 어떤 곳에라도 들어가는 순간, 발끝에서부터 차가운 공포감이 신경을 타고 올라와 심장을 움켜쥐는 것 같았다. 물속은 놀이 기구를 타거나 고층 건물에서 아래를 보는 것과는 다른 차원의 공포를 주었다. 그것은 태어날 때부터 쥔 공포의 성질이었다. 한 끗 차이로 삶과 죽음이 갈릴 수 있는 경계에서의 아슬아슬한 공포. 그러나 어리석게도 인간은 공포를 극복하겠다는 다짐 같은 걸 한다. 굳이 하지 않아도 되는 극복을 굳이 해내야 되는 숙명을 갖고 태어난 줄 안다. 물이라는 공포를 극복하고 싶었다. 물의 공포로 증명되는, 나약해 보이는 성질을 깨부수고 싶었다. 그것은 스스로에게 용기를 주는 일이 될 것만 같았다. 그러나 사람은 또 어리석게도 미루고 싶어 하는 성질을 갖고 있다. 둘 다의 성질을 잘 타고난 나는 수영을 배우고 싶었고, 지지리도 그걸 미루어두었다. 그 미련함이 한낮 더위에 꺾였다니, 지금 생각해도 우습다.

부푼 공포를 안고 들어간 수영 첫 강습. 목까지 차올라 얼굴에 넘칠 것 같이 너울거리는 물속에 바로 들어가는 것은 아니었다. 공포를 이겨내겠다고 다짐한 마음이 좀 허무해졌고, 안도하기도 했다. 물에 뜨려면 부력이 필요했다. 물이 무서운 사람에게는 부력보다 겁이 떠오르기 마련이라 더더욱 센 발차기가 필요했다. "제대로 발 안 차면 물에 못 들어온다"라는 장난 섞인 협박을 들으며 물가에 앉아 발장구를 쳤다. 어린아이가 앉아서 발장구를 치듯이. 그 다음 허리에 계란 초밥(물에 뜨게 하는 도구)을 메고 물에 닿으면 그때부터는 생존이다. 생존이라는 단어에 어울리도록 발로 물을 내리쳐야 했다. 물의 공포를 부수어버리겠다는 듯이 발뒤꿈치를 물 표면에 내리치면 물살이 얼굴에 잔뜩 튄다. 평생 가져온, 물의 무서움을 이겨내고자 했던 굳은 다짐에 비해서는 꽤나 볼품없는 몸짓이다. 이 물장구가 앞으로 이어져가는 수영을 띄우기 위한 중요한 부력이었음을, 연차를 가진 수영인이 되고서야 알았다. 물에 들어갈 때마다 우리의 삶은 별것 없는 몸짓에 깨지기도 하고, 정신이 말짱해지기도 하고, 맑은 호흡으로 살아낼 힘을 얻는다는걸.

지난날의 나와 수영하는 현재의 나를 비교하자면 당연히 다르겠지만, 수영으로 인해서 바뀐 것들은 수영을 하지 않았다면 어쩌면 인지하지 못했을 일들이기도 하다. 희귀 난치병을 정신적으로 잘 이겨낼 수 있었던 것, 뭔가를 쉽게 포기하지 않게 된 것, 분노가 쉽사리 사라질 수도 있다는 걸 알게 된 것, 수영 후 마시는 맥주의 목구멍 째지는 맛, 몸의 균형을 잡듯 삶도 균형을 잡아야 한다는 것, 완벽보다는 완벽으로 가는 과정에 머무르는 재미, 사실 완벽이란 존재하지 않고 그래서 삶은 의미 있다는 것. 또한, 우정에는 나이 제한이 있지 않다는 걸 알았으며, 민낯에 수모를 쓴(외계인처럼 보이는) 사람에게도 반할 수 있고 혹은 그러한 모습인 나에게 누군가가 반할 수도 있다는 걸 알았고, 그래서 사람들은 참 재미있다고 여기기도 한다. 수영을 안 했더라면 영영 몰랐을 수도 있었던 것들을 수영을 하며 매번 새롭게 깨닫는다.

 여유 있는 시간이 못 견디게 간지러워 시작한 수영은 단순히 간지러운 시간을 긁어준 것만은 아니다. 물의 흐름으로 몸을 다듬고, 바디 크림을 발라 뭉친 근육을 정성스럽게 풀며 몸을 매만졌다. 이런 순간들은 앞으로의 훌렁거릴 시간을 잘 견디게 해주었다. 진저리 나게 땀 흘렸던 더위가 지나가고, 나는 매해 또 다른 더위를 맞이한다. 그저 더위를 잘 견뎌내어 땀을 잘 흘려내고, 그 시간 속에서 나도 모르게 인간으로서의 삶이 성장하고 있다.

당연히 존재하는 감정들을 매주, 매시간마다 직접 마주하게 해주는 수영을 어찌 사랑하지 않을 수 있을까? 물 속에서 살기 위해 팔과 발 움직임을 연구하는 일, 물 속에서 물 밖으로 내뱉어지는 숨과 피부로 느껴지는 물의 흐름, 그것의 시적 서사, 무언가를 좋아하기 위한 꾸준한 노력 (예를 들어 수영복 쇼핑, 수영 유튜브 영상 돌려보기), 마침내 숨트임이 주는 깨우침, 수영을 다니며 알게된 인간의 민낯을 얘기하고 싶다.

수영에 미친 자의 글을 읽어줄 당신도
내가 수영에서 뭔가를 찾아 헤매듯
삶의 의미를 헤집고 또 뭉쳐쥐어주는 뭔가를
찾기를

누군가의 파동을 듣는 일이 가치있기를 바라며,

수영은 시와 같다

중급반에서 수영을 한 지 몇 달 되었을까? 어떤 영법보다도 어려웠던 자유형이 갑자기 쉬워졌던 순간이 있었다. 배영, 평영, 심지어 접영 발차기까지는 2바퀴 연속으로 돌아도 힘들지 않은데, 유독 자유형만 25m까지 가기조차 버거웠을 때였다. 자유형 할 때마다 중간에 멈춰 서는 게 다반사, 종아리에 쥐가 나기 일쑤였고, 어깨 쪽 팔은 근육통이 생기다 못해 굳어지는 느낌이 들었다. 그러다 갑자기 어느 순간 팔에 힘을 많이 들이지 않으면서, 발차기를 와다다다 세게 차지 않아도 앞으로 나아가는 느낌을 깨쳤다.

정말 갑작스러운 일이었지만, 분석이 되지 않는 기적 같은 일은 아니었다. 자유형만 하면 가라앉던 몸이 둥실 떠오르며 가벼워진 건 '리듬' 덕분이었다. 코와 입을 물에서 벗어나게 하는 데에만 급급했던 시기에서 벗어난 것이다. 리듬에 맞춰 숨을 고르게 쉬면서 안정을 찾게 되었다. 물론 잠시라도 자세나 정신이 흐트러지면 숨 쉬는 박자를 놓쳐 물을 먹기는 했지만. 숨 쉬는 박자를 맞추면 몸이 물에 뜨는 것도 편해졌고, 몸이 둥실 잘 뜨니 발차기를 세게 하지 않아도 되었으며, 몸이 길게 수면에 평행되니 팔이 물을 저어낼 때 발생하는 저항도 작아졌다. 25m를 겨우 가던 자유형 바보에서 탈출한 것이다. 마음만 먹으면 옆 반 사람들처럼 10바퀴를 연속으로 돌아도 숨이 차지 않게 됐다. 25m에서 갑자기 250m라니? 허황된 뻥처럼 느껴지겠지만 실제로 그렇게 갑자기 나아졌다.

몸에 힘이 남아도니 다른 무언가에 신경을 쏟을 여유가 생겼다. 때마침 수업 시간에 강사님이 '몸을 회전시키며 팔을 뻗는' 롤링을 가르쳐 주었다. 한쪽 팔을 젓고 나서 앞으로 뻗을 때 머리는 고정시키고, 몸을 회전시켜 뻗은 팔의 어깨를 조금 더 앞으로 빼내며 물을 가른다. 어깨를 뻗으면서 몸이 조금 더 앞으로 나아가는 느낌은 인간의 본능을 자극한다. 앞으로 잘 나아가길 바라는 건 본능이니까.

롤링이 무엇보다 중요한 건 '차~찹 차~찹' 물을 가르는 리듬을 생성시켜주기 때문이다. 근육의 힘으로 어떻게든 앞으로 나아갈 수도 있지만, 리드미컬하게 나아갈 때 효율적으로 빨라지는 운동이라니, 얼마나 재미있는가! 초보 땐 무조건 물이 많이 튀기면서 세게 발을 차도록 강사님들이 지도하지만, 상급 이상이 되면 발차기보다는 리듬이 우선이 된다. 자유형의 경우 발을 무조건 많이 차기보다는 팔 한 번 돌릴 때마다 발을 일정한 간격으로 차면 힘도 덜 들어가고 앞으로도 더 잘 나아간다. (물론 물에 잘 뜨고, 발을 무릎이 아닌 허벅지의 힘으로 찬다는 가정 하에) 팔 또한 무작정 빨리 돌리기보다, 앞으로 나아가는 추진력의 리듬에 맞춰 길게 뻗듯이 물을 가르면 물과 몸의 흐름이 같아지는 걸 느낄 수 있다. 내가 마치 물의 한 부분인 것처럼.

며칠 전, 시 쓰기 강의를 하면서 문득 '수영은 시와 같다'라는 생각을 했다. 마인드맵을 통해 떠올린 단어를 시로 엮는 수업으로, 시의 맛은 '운율'에서 비롯된다고 목 아프게 외치던 중이었다. 시가 잘 읽히려면 운율이 있어야 한다고, 리드미컬하게 읽힐 때 독자는 그 시를 기억하게 된다고. 운율 없는 시가 있을 수는 있으나, 운율이 있는 시는 재미를 불러일으킨다고. 그 말을 하면서 수영이라는 단어가 떠오른 건 나로서는 어쩔 수 없는 인과였을까? 수영은 그야말로 리듬의 운동이다. 운율을 몸으로 표현한 운동. 리듬으로 몸의 파동을 느끼는 운동. 수영이 재미있게 느껴졌던 순간은 물과 내가 한 몸이 되었다는 느낌이 들었을 때였다. 물의 파동과 심장이 두근거리는 속도가 비슷해졌을 때, 발을 차고 팔을 내젓는 순간 물의 저항을 비껴가며 웨이브를 탈 때, 이 모든 몸의 놀림이 음악처럼 들릴 때, 수영에 푹푹 빠졌다. 한 번 느끼고 나면 절대 그 이전으로는 돌아갈 수 없게 되고, 그 느낌을 다시 한번, 또 다시 한번 몸에 익히려고 물에 계속해서 뛰어들고야 만다. 반복된 리듬은 몸에 기억되고, 잊히지 않는 춤이 된다. 시를 외고 가슴에 담아둔 후 아름다운 광경을 볼 때마다 구절을 읊는 것처럼, 물과 하나가 되는 파동은 물에 닿을 때마다 떠오른다. 팔을 한 번씩 휘젓다가 또 한 번은 양 팔을 동시에 돌려보고, 우아하게 팔을 모았다가 힘차게 앞으로 뻗기도 하고, 팔의 움직에 맞추어 발을 구르고, 허벅지의 근육이 세게 잡혔다 풀리고, 발등이 심벌을 치듯 물을 치면 물방울이 파도를 이루는- 벅차오르는 감정이 속으로 속으로 파고드는-시를 쓰는 운동. 호흡을 가다듬으며 물을 잡아 흘려보낸다. 그러다 보면 어느새 10바퀴가 쓰이고, 끈기 있게 흘러가다 보면 20바퀴의 시가 완성된다. 10분여 만에 읊는 몸짓으로 일상의 상념을 지우고, 오로지 몸과 정신의 순수한 감각만을 몸에 새긴다. 시처럼 쓰인 수영의 시간이 흐른다.

* 롤링이란?

몸통을 회전시켜 팔을 뻗는 기법. 머리를 고정하고 몸통을 돌려 팔을 쭉 뻗으면, 보다 먼 곳의 물을 잡아올 수 있고, 앞으로 더 멀리 나아갈 수 있다. 몸이 90도 이상으로 기울어지는 건 좋지 않지만, 내 몸에 맞게 각을 잡아 몸을 돌리며 롤링을 하면 자세가 멋있게 나온다. 어깨 부상도 막을 수 있다. 초보일 경우 롤링에 너무 신경 쓰다 보면 발차기를 제대로 하지 못하는 경우가 있다. 이 때에는 사이드 킥 발차기를 꾸준히 해야 롤링의 감을 더 잘 익힐 수 있다.

"아프 쉑 아푸"

냅

'차~참 차~참'

물에 빠져 죽으면 어떡하지?

숨이 막히면 사람은 죽을까?

이 간단한 물음의 답은 '죽음'이라고 막연히 생각했다. 사람들이 죽는 시늉을 할 때 목을 부여잡는 걸 보면 말이다. 하지만 사람은 생각보다 쉽게 죽지 않는다. 잠시 숨이 막히는 걸로는 쉽게 죽지 않는다는 걸 수영하면서 깨달았다.

물에 빠져 죽으면 어떡하지?

이것이 서른을 넘겨서야 수영을 배우게 된 이유다. 친구들과 워터파크를 가서도 물이 무서워 물가에서 사진만 찍었다. 물이 무릎 위로 올라오기만 해도 숨이 막힐 것만 같았다. 죽을지도 모른다는 공포감까지 일었다. 수면이 얼굴에 닿으면 반드시 죽을 거라고 생각했다. 그럼에도 나는 고집스럽게도 물 공포증을 극복하고 말리라는 생각도 계속 해왔다. 쉽게 죽고 싶지 않았으니까. 그리고 수영을 배우며 깨달았다. 고집 어린 상상은 공포를 부풀린다는걸.

사람은 쉽게 죽지 않는다. 죽기 위해서는 숨을 못 쉬는 고통이 아주 오래 지속되어야 한다. 죽는 건 어려운 일이다.

수영을 잘하려면 숨을 참아야 하더라!

초급, 중급반에서는 물속에서 숨을 잘 내쉬는 법을 배웠다면 상급반에서는 숨을 최대한 참는 법을 배운다. 배운다기보다는 체감한다는 말이 더 어울리겠지만. 숨을 한 번 참아야 뭐라도 는다. 숨을 쉬기 위해 물 밖으로 머리를 들어 올리는 걸 한 번 참으면 물을 가르는 속도가 빨라진다. 조금 더 멀리 나아간다든지, 팔 꺾기가 잘 된다든지, 롤링이 더 부드럽게 된다든지, 스트림라인(물속에서의 유선형 자세)이 잘 잡힌다든지, 숨을 참으면 뭐든 는다. 내가 숨을 참고 깨달은 것 중 제일 인상 깊었던 건 숨을 한 번 덜 쉬었다고 죽지 않는다는 걸 알게 된 점이랄까? 숨을 조금씩 더 모을 수 있으면, 그만큼 나는 둥둥 떠오른다. 더 뭉실하게. 구름처럼.

숨은 평등하지 않다.

 물 위에서 숨을 들이마시는 시간과 물속에서 숨을 내쉬는 시간이 같을까? 같으면 숨이 더 찬다. 물 위에서는 숨을 잠깐 들이켜고, 물속에서 보다보다 길게 숨을 뱉으면 숨 쉬는 게 훨씬 편해진다. 수영은 물 위에서 입과 코가 노출되는 시간이 길어지면 길어질수록 자세가 망가진다. 수영을 배우는 초반에는 숨을 들이켜는 만큼 내쉬고, 내쉰 만큼 들이켜야 한다고 생각했는데 아니었다. 받으면 받은 만큼 내뱉어야 한다는 삶의 고정관념도 깨지기 시작했다. 조금 더 이기적이어도 된다고, 조금 더 너그러워져도 된다고, 받을 걸 기대하고 주지 않아도 된다고, 준 만큼 되돌아오지 않을 수도 있다고, 받은 만큼 다 토해낼 필요는 없다고, 그러지 않을 때 더 잘 살아낼 수도 있다고.

 # 대충 살면 숨은 트이지 않는다.

최선을 대해서 살아본 게 언제인지, 기억이 잘 나지 않는다. 한 두어 번 정도? 열정페이를 받으며 온몸에 열꽃이 돌고 쓰러져서 응급실에 실려갔던 이후, 삶을 재 나오게 연소해 본 적이 없다. 나태해지고 싶어 프리랜서로 산다. 가끔은 먹는 것도 귀찮을 정도다. 입으로 들어가고 몸에 걸치는 것들을 살 정도로만 일했다. 그 외로 여유가 생기면 여행에 써버렸다. 인생이 그리 흘러가니 지난날 해내고자 했던 삶의 목표도 잊힌지 오래다. 운동을 하지 않으면 근육이 풀어지고 늘어지듯, 삶을 제대로 열심히 살지 않으면 삶을 지탱하는 근육도 물렁해지기 마련이다. 수영하기 전 삶이 딱 그랬다.

수영과 삶의 이상한 인과관계

　운동과 삶은 그 각각의 근육이 다르게 쓰일 텐데도, 어지간히 서로의 근육에 관여한다. 물속에서 숨이 막힐 때면, 일하면서 힘들었던 시간들이 떠올라 목이 메었다. 목이 메니 숨이 더 안 쉬어져서 물 밖으로 나오기 위해 허우적댔다. 입과 코만 둥둥 떠오를 때면 입만 살아서 미팅 때 자존심만 내세웠던 때, 잘해낼 수 있다는 걸 증명하려고 무리하게 애쓰다가 에너지를 모두 써버려 다 타버린 때가 떠올랐다. 털어내고서야 물속에서 숨을 컨트롤하기 편안해졌다. 숨이 편안해지니 앞을 내다볼 수도, 내일에 관해 냉철하게 바라볼 수도 있는 여유도 생겼다. 밥 먹듯이 입원하던 병원에서 글을 썼고, 책을 다시 내기 시작했다. 몇 년 간 열받게 하던 회사에 그만두겠다 말을 던졌고, 하루에 만 7천 자씩 쓰던 일을 관두고서야 숨 막히던 증세도 사그라들었다.

삶의 근육을 늘이고 또 줄이면서 산다. 삶에 쓰는 근육도, 몸의 근육도 어찌나 예민한지 운동을 하지 않으면 금세 늘어진다. 그래서 나는 숨을 컨트롤하며, 백조가 수면 아래에서 발을 놀리는 것처럼 물을 잘게잘게 차고, 팔을 젓는다. 그러면 나는 삶에 빠져 죽지 않을 수 있다.

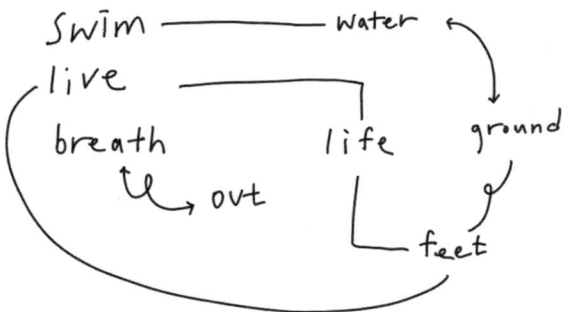

예쁜 수영복

"수영복 어디 거야? 예쁘다~"

"***예요!"

며칠 후,

"나 자기가 알려준 *** 봤는데 어휴~젊을 때 많이 입고 다녀!"

"왜요! 같이 입으시면 되죠!"

"내가 어떻게 입어 그런 걸...젊을 때 이쁜 거 다 입어!"

그녀는 나이 차이가 나와 크게 나 보이지 않았다. 검은색 3부 수영복을 입고 있던 그녀는 수영을 열심히 하겠다는 의지를 가지고 열심히 하는 분이었다. 물속에서 은색으로 빛나는 수영복을 입고 간 날, 그녀는 내 수영복을 살짝 만져보며 "너무 예쁘다'라고 말했다. 그리곤 수영복 브랜드가 뭐냐고 물어왔다. 브랜드 이름을 말하자, 그녀는 처음 들어보는 브랜드라며 갸우뚱했다. 그 이후로 아무 생각 없이 그 브랜드의 다른 수영복을 입고 갔는데, 그녀가 "이것도 ***지?! 검색해 봤는데 예쁜 거 많더라~"라고 다시 말을 걸어왔다. 다른 이가 알려준 생소한

브랜드 이름을 기억하고, 잊지 않고 검색해서 살펴봤다는 건 그만큼 그 브랜드의 알록달록하고 디자인이 마음에 들었다는 것일 텐데…왜 나이 때문에 "이런 걸 어떻게 입어"라며 망설이는 걸까? 왜 "젊을 때 입어야 이쁘다"라고 말씀하시는 걸까?

    초급반과 상급반을 구분하려면 수영복을 보라는 우스갯소리가 있다. 처음에는 눈에 띄지 않는 무난한 검은색 수영복을 사게 된다. 그러다 평영을 배우기 시작하면 3부 혹은 5부 수영복을 하나 더 사는 사람이 생긴다. 아무래도 평영을 하려면 물속에서 다리가 벌어져야 하니 부담스러우니까. 이때도 검정색을 벗어나지 못한다. 5부 수영복의 경우 화려한 무늬보다는 눈에 띄지 않는 색상이 많기 때문에. 상급반에 올라가면 물 밖에서 얼굴을 내미는 시간보다 물속을 들여다보는 시간이 더 길어서인지 화려한 무늬에 눈이 가게 된다. 검은색은 도통 눈에 들지 않고, 물속에서는 이상하게 화려한 색상이 예뻐보인다. 수영장에서의 법칙 같은 걸까? 일상에서는 절대 입지 못할 듯할 색, 무늬들이 물에서는 이상하게 예뻐보인다. 물속에서는 모양이 휘어지고, 색이 옅어지기도 혹은 짙어지기도 하며, 반짝이는 건 물에 반사되어 한층 더 눈이 부시다.

언젠가 수업을 같이 듣던 언니에게 이런 이야기를 들었다.

"내 친구 중에 의사가 있는데, 걔가 그러더라고. 수영을 하면 물이 몸을 마사지 시켜주는 효과를 준다고. 그래서 몸이 물에 닿는 면적이 많으면 좋다고. 그래서 수영복 천이 적으면 적을 수록 좋대~"

단순히 피부에 좋지 않을 거라고만 생각했는데 듣고보니 피부에 확실히 마사지 효과가 있는 것 같았다. 림프 마사지처럼 몸에 좋은 기운을 순환시키는 듯한 효과랄까? 그런 차원에서라면, '수영복'은 몸을 가리기 위한 의복이 아니라, 인간의 최소한의 존엄을 지키기 위한 것인 게 아닐까? 또한, 제모에 신경을 쓰는 사람이 많은데 (여성의 경우에는 특히...) 나는 남자들의 손바닥만 한 수영복 차림을 보며 오히려 마음을 놓았다. 겨드랑이, 배꼽 부근, 다리, 팔 등의 털을 굳이 밀지 않는 걸 보며, '내가 왜 강박적으로 제모를 해야 되는가?' 생각하게 됐다. 피부에서 자연스럽게 솟아나는 털이 수영장 물보다 더 더러울 리가 있나? 제모에 아주 자유로워지진 않았지만, 제모를 하지 않았다고 해서 부끄러워할 일은 아니라는 걸 깨닫게 되면서부터 마음이 좀 편해졌다. 최소한의 존엄만을 위해 수영복을 입는다 생각하니 수영복을 선택하는 기준도 조금 더 폭넓어졌다.

자유형-배영-평영-접영을 마스터하고 사이드턴 혹은 플립턴으로 뺑뺑이를 돌 수 있을 때면, 어깨끈이 얇고 가슴 부분은 탁 트여 있으면서 골반뼈를 가리지 않아야 편하다는 걸 체감하게 된다. 특히 가슴 부분 천이 목 부근까지 올라와 있거나, 등이 많이 가려져있으면 숨도 덩달아 막히는 느낌이 든다. 수영복 라인이 골반뼈와 엉덩이에 걸쳐있으면 턴을 돌고 발차기를 할 때 걸리적거리는 느낌이 든다.

'어떻게 이렇게 남사스러운 걸 입어, 젊을 때나 입지'

이러한 말에 응당 그렇지 않다고 답은 하지만 아무런 영향을 받지 않는 건 아니다. 가끔 나에게 '정말 그러한가' 질문을 던지기도 한다.

'정말 수영의 편리만을 위해서인가?
'나이가 들었으면 점잖고 몸 많이 가리는 걸 입어야 하는 걸까?'
'나는 이 화려하고 엉덩이를 겨우 가리는 수영복을 꺼내드는 이유는 뭘까?'
'화려하고 훅훅 파인 디자인은 왜 나오는 걸까?'

수영을 하며 이러한 질문을 던지는 것만으로도 생각의 테두리가 조금 더 확장된 느낌을 받는다.

TIP.

개인적으로는 몸에 타이트하게 맞는 수영복을 선호합니다. 옷의 가로 넓이보다는 토르소(몸의 세로 높이)를 기준으로 고르고, 잘 늘어나지 않는 탄탄이 재질을 좋아합니다. 탄탄이 소재는 보통 수영복보다 더 질기고 탄탄한 감을 갖고 있으며, 선수용 수영복에 많이 활용됩니다. 잘 늘어나지 않아 입기는 힘들어도, 몸에 꼭 맞는 걸 찾으면 몸을 잡아주는 효과가 있고, 잘 늘어나지 않아 오래 입을 수 있어요.

낯색여 쏙이 쳐리
비숫거는 것이 싫다아면
⭐ V-shoulder style ⭐
추천!

르앙고
: 영영이 쳐이 쌕쌕써도
다 늘어지지도 않는
튼튼반스러

lemango
a.k.a 르망이

물 쏙에서는 눈빛
반짝이가 과하지 않고 예뻥

나여보다는
짐몬느기나고
허리, 엉그 부분은
보아은 탄탄한 천!

같이 하는 혼자만의 싸움, 수영

옷을 훌러덩훌러덩 벗어 사물함에 던져놓고, 수영가방을 들고서 샤워실로 향한다. 샤워장에 자리를 잡고, 칫솔을 꺼내 치약을 짜고 입에 물면, 여기저기서 인사말이 흘러온다. 뿌연 물보라를 뚫고 온 말들을 비누거품 내어 씻겨 내리다 보면 어느새 수업 시작 시간이 다 되어 있다. 수업 앞뒤로 20여 분을 샤워로 시간을 소비한다. 그 모든 시간 동안 나는 혼자 있지 않다. 아웃사이더로 다닌다고 해도 결국 물속에서는 사람들과 몸을 부딪히기도 하고, 사람 간 앞뒤 간격에 맞추어 속도를 조절해야 하고, 1번이라면 사람들을 이끄는 책임을-마지막 주자라면 무리에서 떨어져 나가지 않도록 쫓아가야 하는 책임을 가진다. 말 섞지 않고 혼자서 유유히 하는 운동이다 싶지만, 어떻게든 사람과 엮이는 운동이 바로 수영이다.

나는 지극히 개인적인 사람이다. 하지만 어색한 분위기도 싫은 사람이라 누가 살갑게 말을 건네면 그 배로 살갑게 목소리 높여 이야기한다. 수영을 처음 시작할 땐 여기저기 들은 말이 많아 두려워 답을 잘했다. 특히 많이 들었던 말은 "일진 어머님들 조심해라"였는데, 수영장에 오래 다닌 소위 일진 어머님들은 사물함에서 옷을 벗고 들어가 샤워장에서 샤워를 하고 수영장으로 들어가는 일련의 과정에서 마음에 들지 않는 사람의 행동을 주시하고 있다고 했다. 강사와 너무 친하게 지내는 것도 찍힐 위험이 다분하고, 괜히 그분들 앞에 서서 수영한다거나, 물이라도 그들에게 튄다면 욕먹을 수 있다고. 그런 말을 듣고 나니 '어색한 거 싫다고 나대거나, 딱딱한 목석처럼 다니면 안 되겠다'라는 마음이 번쩍 든 거다. 하지만 운이 좋았는지 아니면 인복이 좋은 건지, 일진 어머님들을 한 번도 겪은 적이 없다. 혹시나 싫어 피했던 분들이 오히려 수영복 입는 게 힘들 때 수영복을 끌어올려 입혀주셨고, 꼬인 수영복 끈을 무심히 풀어주셨으며, 어느 강사가 수영은 안 가르치고 사우나 온 듯 앉아있는 걸로 조잘조잘 이야기를 먼저 건네고, 잘 안되는 영법으로 고민하고 있으면 어떻게든 자신의 비법을 알려주려고 하셨다. 특히 내가 다니던 수영장에는 샤워실 내에 사우나가 있었는데, 그곳은 오래 다닌 아주머니

들의 사랑방이었다. 그 사이를 비집고 들어가 눈치 보며 땀을 흘리고 있으면, 대견하다는 듯 말을 건네주시는 어머님들이 대다수였다. 이쯤 보면, 수영은 지극히도 단체 운동이구나 싶다.

하지만 또 달리 생각해 보면, 수영은 혼자서 헤쳐나가야 하는 싸움이다. 내 다리와 내 팔로 물을 가르고, 누르고, 밀어내는 일은 그 누구도 도와주지 못한다. 앞으로 나아가기 위해서는 혼자 힘으로 물을 이겨내야 한다. 이렇게 보면 수영은 지극히 개인적인 운동이다. 강사님과 주변인들을 통해 앞으로 나가는 스킬을 얻을 수는 있어도, 결국 개인이 소화해서 어려움을 극복해야 하는 운동. 깨우치고 나아가다 보면 '이겨냈다'는 뿌듯함은 물론, 혼자 안고 있는 시름과 스트레스, 잡념 등이 사라지는 흔치않은 시간을 갖게 된다. 누가 말을 걸지 않는 이상, 수영을 하고 있는 동안에는 고요하다. 특히 물속에서는 소리가 나더라도 퍼져서 사라진다. 누가 나에 대해 욕을 한들 들리지 않는 고요함. 그건 수영을 하기 전 사람들이 한 경고와 스스로 내 마음에 외치는 소리 같은 것도 사라지는 잠잠함이다.

 스스로 헤쳐나가는 것 밖에는 답이 없는 지극히 개인적인 운동이라서, 최소한의 사회성을 확인할 수 있는 운동이라서 수영을 좋아한다. 수영 전에 가졌던 어머님들에 대한 오해는 편견일 수 있었고, 사람들 간의 문제는 사회인이라면 극복해나가야 하는 단체생활의 숙명과 같은 것이었다. 마주치고 보면 아무것도 아닌 일상의 숙명. 만약 일진 어머님을 만난다고 해도, 귀 닫고 입 닫아야 멀리 오래 나아갈 수 있는 수영 앞에서는 별것 아닌 일일 수 있겠다. 그저 물속에서는 그들의 말과 행동이 수중의 압력으로 더 부풀지 않고 오히려 줄어드니까. 삶의 골 아픈 일은 때로는 너무 부풀려져 상처를 내기도 하는 법이다.

수영을 하기 전, 경건한 의식

수영 갈 때 해야 하는 의식이 있습니다. 의식이라고 하면 너무 거창하게 느껴질지도 모르겠지만... 저의 수영 가기 전 과정을 찬찬히 읊어볼까요?

우선 마르도록 바닥에 널어둔 샤워용품과 수영 제품을 수영가방에 차곡차곡 챙겨 넣습니다. 옷걸이에 걸어 말려둔 수영복과 수영모도 골라 챙기죠. 수경에는 안티포그 액을 바릅니다. 그 전날 바르는 게 좋다고는 하지만 저는 매번 까먹어서 그냥 수영 가기 직전에 안티포그 액을 수경에 바르고는 합니다. 머리는 꼭 끈으로 묶고 가는 편입니다. 긴 머리일 땐 수모에 머리카락을 다 넣기 위해 머리끈이 필수인데, 묶지 않고 가면 머리끈을 놓고 가는 경우가 더러 있거든요. 머리끈을 놓고 갔을 땐 임시방편으로 사물함 열쇠가 달린 팔찌로 묶기도 합니다만, 열쇠가 목덜미에 닿아 불편해요. 수모가 찢어질 위험도 있고요. 신발은 신고 벗기 가장 간편한 걸로 신습니다. 끈으로 묶어야 하는 운동화나 벗기 불편한 신발을 신고 가면 몹시 귀찮아지거든요. 안 그래도 물에 들어가기 전 할 일도 많은데 말이죠.

챙겨가지 않으면 집으로 다시 되돌아가야 하는 물건이 있다면? 수영복, 수모, 안티포그, 칫솔입니다. 이외의 것들은 수영장 내에서 대충 구할 수 있거든요. 수경은 강사님 걸 빌리거나, 혹은 분실물 중에 영영 되돌아가지 못하고 있는 것들을 빌려 쓸 수도 있고요. 바디용품은 샤워실 내 사람들에게 빌릴 수도 있으니까요. 하지만 수영복, 칫솔은 다른 사람들 걸로 대체하기 어렵잖아요? 안티포그 대신 샴푸를 얇게 발라 써도 된다고 하시는 분들도 있는데, 저는 이상하게 샴푸로는 안티포그 효과가 나타나지 않는 것 같더라고요. 눈도 맵고요. 예민한 성격 탓에 수모는 다른 사람이 썼던 걸 쓰기 싫어 꼭 챙깁니다. 여러분은 수영 갈 때 '이거' 없으면 집으로 되돌아간다 하는 물건이 있나요?

수영장에 도착하면 샤워실로 직행합니다. 머리에 거품을 내어 문지른 뒤, 거품이 씻겨나가는 동안 칫솔질을 합니다. 몸에 비누칠을 해서 하루 동안 쌓인 미끄덩거리는 땀과 먼지를 씻어내죠. 수영복을 입을 땐 차근차근 다리를 끼워 넣고 끙끙대며 올려

입습니다. 처음 입는 수영복이거나 사이즈가 작은 수영복은 몸에 비누칠을 하고 입었는데요. 수영복에 남아있는 비누거품까지도 신경을 써야 하기 때문에 요즘에는 수영복에 비누칠을 하지 않고 입어요. (비누거품이 수영장 물을 오염시킬 수 있다는 말도 있고요.) 수모를 쓴 뒤, 수경을 수영복 어깨끈에 끼우고 수영장에 들어갑니다.

수영을 하고 나와서도 소란스럽고 귀찮은 과정은 이어집니다. 수영장 물에 상했을 머리카락에 트리트먼트를 잔뜩 묻혀두고, 피부에 남은 수영장 물을 비누거품으로 깨끗하게 닦아내고, 수영복과 수모도 흐르는 물로 세척해야 하죠. 샤워장 밖으로 나와서는 머리를 말리고, 바디로션도 척척 바르고, 얼굴에도 수분크림을 찹찹 바릅니다. 이 모든 과정이 끝나면 수건으로 수영가방의 물기를 한 번 닦아낸 후 집으로 나섭니다.

A4 용지로 한 페이지가 넘게 기술된 수영 전후를 써보니 수영을 하려고 했던 사람조차도 질려서

수영 도전을 미뤄둘 수도 있겠다 싶습니다. 하지만 물에 들어가기 위한 이 모든 준비과정이 수영을 꾸준히 하게끔 해주는 원동력이 됩니다. 몸에 습관이 밴다는 건 몸과 정신을 정리시켜주는 효과가 있거든요. 안개에 휩싸인 듯 뭐든 명확하게 보이지 않았던 뇌 속에 수영을 하면서 거치는 일과가 저장되고, 이것들이 머릿속에 자리 잡으면, 정리되지 않은 것들이 무엇인지가 보이거든요. 시간별로, 습관별로, 해야 하는 일별로 머릿속을 정리하기가 수월해지죠. 수영하기 전후 앞뒤 15분간의 시간에 적응하다 보면 밥 먹는 시간처럼 당연하게 느껴집니다. 밥을 제때, 삼시 세끼 밥을 먹는 게 건강하다고 하죠? 그 이유 중 하나가 몸에 습관을 길들여두면, 몸이 순환의 계획을 잘 세워두기 때문일 거예요. 그건 우울과 불안감이 잘 지나갈 수 있는 길을 만들어두는 일이기도 합니다. 수영을 하기 위해 거쳐야 하는 모든 과정 또한 감정이 잘 흐르도록 길을 터주는 역할을 해요.

적어도 3일 이상, 저녁 7시 수영을 가려면 일정

도 미리 계획해두어야 합니다. 약속시간은 7시 이전에 끝날 수 있도록 잡고, 수영 다녀와선 몸이 지쳐있으니 야근하지 않도록 일 계획을 세워둬야 하죠. (프리랜서라 방심하면 밤 12시 넘어서까지 일하게 되기도 하거든요.) 운동 효과는 제쳐두고서라도, 수영을 하기 위한 이 복잡하고 성가신 과정이 삶을 깨우고, 먼지 같은 감정을 쓸고 닦고, 일상을 정리합니다. 만약 수영이 이런저런 과정 없이 바로 물에 들어가는 운동이었다면 삶의 정리 효과는 좀 덜했을 겁니다. 귀찮은 과정을 굳이 내 돈과 내 시간을 들여 꾸준히 한다는 것, 단면적으로는 인생에 쓸모없어 보이는 과정이 삶을 건강하게 지속시키는 힘이 되어줍니다.

수영을 2년 정도 열심히 했을 때였나? 전신마취 수술을 두어 차례 받게 되면서 기운이 훅 떨어졌습니다. 게다가 치료법도 찾기 어렵고, 팔다리도 잘 움직이지 못하는 희귀질환을 겪어냈어요. 그때 '수영이 정말로 좋은 운동이었구나' 싶었습니다. 그간 수영으로 쌓은 근육과 체력이 전신마취의 영향을 덜어주었고, 신경이 손상되어 제대로 쓰이지 못하는 팔다리 근육을 수영을 통해 강화시킨 근육과 신경으로 빠르게 대체할 수 있었습니다. 수영 습관이 불안 증세와 우울증이 빠져나갈 길을 만들어두었고, 그 덕에 필연적으로 찾아온 불안과 우울을 잘 다스릴 수 있었습니다. 그 어려웠던 시기가 희미해진 지금 다시 생각해 보면 수영 덕분에 회복 기간이 확 줄어들었다 생각이 드는 겁니다.

수영, 참 귀찮은 운동이죠. 귀찮은 그 일은 생각보다 삶을 바뀌게 할 정도로 센 힘을 가졌더라고요. 어떻게든 우리 일상의 어떤 한 부분에 관여를 하더라고요. 지금 이 글쓰기도 그 힘으로 해내고 있습니다.

나의 무례한 사람들

수영을 하다 보면 온갖 군상의 사람들을 만나게 된다. pool이라는 장소에 일상복과는 다른 특수 운동복을 입기 때문일까? 좁은 풀 안이라 강한 사람들이 더욱 눈에 띄는 걸까? 본성이 나오는 환경인 걸까?

자유형 기초에서 넘어가 팔 꺾기를 하던 때였다. 자유수영 라인에서 자유형을 열심히 하는 나를 유심히 보던 어떤 사람이 심각한 표정으로 내 수영을 멈추게 하고는 이렇게 말했다.

"자유형 할 때 그렇게 팔 꺾으면 안 돼"

나는 자유형 팔 꺾기 각도가 잘못된 줄 알고 귀를 기울였다. 그런데 그는 "팔을 쫙쫙 펴서 해야지 그렇게 꺾으면 어떡하나"라며 혀를 끌끌 찼다. 그 사람은 팔꺾기를 배우지 않은 사람이었다. 한참을 설명하고서는 이제 자기가 가르쳐 준 대로 해보라고 했다. 나는 보란 듯이 팔을 휘황찬란하게 꺾으며 자유형으로 나아갔다. 부러 멈추지 않고 수영했다.

그 덕분에 한 바퀴씩 멈추던 습관을 버리게 됐다. 보다 더 과감한 몸짓으로 사이드턴을 해가며 10바퀴 연속으로 돌고 나니 그분은 샤워실로 나가고 있었다.

요상하게 기분 나쁜 일들도 생긴다. 애매해서 말도 못 하겠는. 키도 작고 몸집도 키만큼 왜소하며, 젊기까지 한, 여성인 나는 수영 수업 중 앞 순서로 가기가 어렵다. 초반에는 자격지심인가 싶어 내 생각을 고쳐먹으려 했다. 하지만 이게 6년간 계속된다면? 이 생각이 오히려 선입견이라는 걸 확실히 알게 된다. 게다가 연수반에 올라가라고 하는 걸 거절하면서까지 중-상급반에 머물고 있는 데도 앞 순서가 밀린다. 키도 작고 몸집도 작은 젊은 여성이 자신의 앞에 나가는 게 자존심 상해 하는 사람을 중-상급반에서 흔하게 마주했다. 간격 유지를 위해 일부러 늦게 출발해도 발이 손에 닿아버릴 수밖에 없는 데도, 강사님이 나를 지목해서 앞에 서라 해도, 똥고집 부리며 매번 내 앞에 서는 걸 보면 스멀스멀 화가 난다. 그게 이상하게 나한테 자주 일어

나서 화가 난다. 나와 비슷한 젊은 여성이 그런 경험을 흔히 겪는다는 걸 여기저기서 듣게 되면 분노가 인다.

연수반에 올라가면 그런 일이 없을 줄 알았다. 하지만 연수반에 올라가자마자 지적하기 좋아하는 사람을 참아내야 했다. 여름이라 등록 인원이 많아지면서 상급반 자리가 꽉 찼다는 이유로 연수반으로 기어이 옮기게 됐는데, 그전에 만났던 이상한 사람들은 보통 사람처럼 보일 만큼 지적을 랩처럼 하는 사람을 만나, 전에 없던 스트레스를 받은 적이 있다.

부족한 부분을 이야기해주는 건 고마운 일이다. 특히 연수반에서 오래 해온 사람 혹은 대회 준비하면서 운동하는 분들이 내가 열심히만 하는 게 안타까워 지적해 주는 건 무척이나 반갑다. 그런 분들은 자기가 알려주는 게 실례가 될까 봐 조심스럽게 다가오기도 하고, 자유수영에서 몇 번 운동을 같이하며 친해진 후에야 짧게 말해주고서는 자기 운동하러 떠난다. 지적이 아니라 응원이라는 걸 모를 수가 없다. 하지만 강사님 말 듣기에도 모자란 수업 시간에, 성인 남자한테는 조언하지 못하면서, 자기보다 빠르지만 어린 남자아이와 여성들에게만 속사포로 지적을 쏟아내는 건 응원이 아니라 무례다.

자유형을 할 때까지는 괜찮았다. 내 자유형은 강사님 외엔 다른 사람에게 지적을 받지 않을 만큼 정도는 되고, 스피드가 좀 빠른 편이라 다들 알아서 순서를 양보하기도 했다. 지적 래퍼는 본인보다 앞에 서있지만 어린 친구에게 속사포로 '이렇게 해라 저렇게 해라' 지침을 주고 있었다. '남이 듣기에도 귀에 못이 박힐 것 같은데, 저 친구는 어쩌나...잘못 걸렸네'라고 생각했다. 그러다 접영이 시작되자 그 못은 내 귀에 박히기 시작했다. 접영을 못해서 뒤로 간 게 화근이었나? 강사님이 '한팔 접영+양팔 접영'을 시키고 다른 레인 봐주러 간 사이, 접영으로 레인 끝에 도달했을 때 그는 기다렸다는 듯 나에게 "한 팔 번갈아 할 땐 숨을 쉬고 양팔 할 때는 숨 안 쉬면 되겠다"라며 속사포로 지적하기 시작했다. 강사님이 다른 레인에서 지도하다가 우리 레인으로 돌아올 때까지 숨도 안 쉬고. (참고로 양팔 접영할 때 숨을 안 쉬면 더 쉽게 할 수도 있으나, 숨 쉬면서 접영을 하는 연습을 제대로 해야 한다. 숨쉬기부터 잘 안되는 상태에서 무호흡 접영을 하면 잘못된 자세가 잡힐 수 있기 때문에 강사님이 호흡 수를 지정하거나 무호흡으로 하라고 할 때가 따로 있다.) 강사도 아닌 사람이, 강사가 추천하지 않는 방법을 가르치듯 속사포로 쏟아붓는 걸 들으며 '지적을 위한 지적'은 선의일 수 없다는 걸 깨달았다. 그는 그때부터 강습시간에 쉴 때마다 나에게 지적을 했다. 심지어 어느 날 내 뒤의 뒤에 서 있던 그가 "접영할 때 팔 꺾이면 안 돼요"를 말하러 다가오기까지 했다. 계속 반복해서 얘기하길래 "이미 알고 있어요 (예전 강사님이 체크해 주었던 적이 있으며, 고치는 중이었다.)"라고 대꾸했다. 반복되던 지적이 그제야 멈췄다. 자기 딴에는 선의로 하는 말이라 생각할 텐데 그것이 선의였다면, 나는 왜 열이 받는가? 내가 그보다 잘한다는 우월감에서 나온 자만일까? 선의가 맞는가? 선의를 가장해 자신의 우월감을 어떻게든 표현하려는 이기심인가? 그래서 웃는 얼굴로 뱉은 지적이 기분 나쁘게 받아들여진 걸까? 그는 무례한가?

수영장에서 만나는 무례한 사람들에게 나는 왜 이렇게 화가 날까? 무례한 그들의 언행과 행동이 인간 본능이라는 걸 알면서도, 인간의 그 본능이 나에게 더 쉽게 보여서일까?

좋아하는 걸 계속 하는 힘

일이 너무 바쁜데다 발목까지 부상당하면서 한동안 수영을 하지 못했다. 처음에는 바쁜 일상에 수영하러 가지 않는 시간이 여유로 느껴져서 몸이 조금 편한 듯 했다. 하지만 일만큼이나 스트레스가 쌓이고 번뇌에 빠져들어 헤어나오지 못하는 시간이 수영을 못한 시간만큼 늘어갔다. 수영으로 에너지만 방출되는 것이 아니었다. 쳇바퀴처럼 생각을 굴려 만든 고뇌까지도 버려지는 것이었다. 수영을 못하니 나의 고인 생각은 내 몸에서 빠져나가지 못하고 썩어들어갔다. 그러다보니 좋아하는 것과 귀찮은 것, 싫은 것에 대한 생각이 '왜'라는 질문없이 풍선처럼 하나의 관념으로 묶여버리고 있었다.

오랜만에 수영을 가려고 하면 '수영' 한다는 것 자체에 대해 부담이 생겨서 더 가기 싫어진다. 체력이 떨어져서 사람들을 따라가지 못할 지도 모른다는 불안, 따라가려고 노력해야 한다는 부담, 숨차는 것에 대한 두려움.

그런데 막상 수영을 다녀오면 그 모든 부담이

싫은 것보다 수영의 움직임을 좋아하는 것이 더 큰가 보다 싶다. 더 잘 나아가기 위해 쓰이는 근육의 움직임, 근육이 움직여 열이 오를 때 나아가고 있다고 느끼는 쾌감, '이렇게 하면 더 잘 나아가겠구나' 하는 깨우침, 이런 것들이 '수영 자체가 귀찮다'라는 풍선 같은 관념을 터트린달까?

일단 수영을 다시 시작하면 내 몸은 귀찮음을 마비시키고, 관성적으로 '수영 너무 좋아'라는 생각으로 물든다. '좋아'라는 마음이 몸에 물든다는 것은 에너지로 싱그러워지는 일이다. 그리고 나는 그것이 매우 좋은 느낌이라고 여긴다. 놓치고 싶지 않은 좋은 느낌이라고.

무슨 일들이 생겨 어쩔 수 없이 수영을 못하게 되는 때, 수영에 대해 무기력해지면 이거 하나만 기억하려고 한다.

'일단 한 번 나가기만 하면 나는 또 깨우칠 것이다. 아주 세밀하게 수영의 모든 것을 파헤쳐 좋아하

는 부분을 어떻게든 다시 찾아낼 거라는 깨우침을, 그리고 좋아하는 부분이 나를 계속해서 깨울 거라는 걸'

2부

버터플라이로 날아오르다

수영의 꽃은 '접영'이라고 한다. 일단 수영을 6개월 정도는 해야 접영의 발차기라도 배울 수 있고, 나처럼 3-4년 만에 접영을 흉내 낼 정도가 되기도 한다. 꽃이 그렇게 어렵게 필 일인가? 따지고 보면 딱히 틀린 말도 아니어서 서글프다.

　　접영은 다른 말로 '버터플라이'라고도 부른다. 네이버에 '버터플라이'를 쳐보면 가수 이름과 노래 제목이 제일 먼저 뜨고, 나무위키 웹페이지 링크를 따라 들어가 보면 '나비', 스마트폰 브랜드 네임, 90년대 이현세 만화, 헬스 무산소 운동 등의 설명이 이어진다. 그나마 수영과 가장 밀접해 보이는 헬스 무산소 운동 세부 설명에는 가슴근육을 키우는 동작이라고 나와있다. 그런데 국어사전에는 버터플라이가 '접영'이라고 바로 나온다. 나비라는 직접적인 의미 설명 없이 접영이 바로 나오다니? (영어사전에는 '나비'로 나온다.) 수영을 하는 사람으로서는 꽤 재미있는 발견이다. 접영이라는 글자에 덧붙여 '두 손을 동시에 앞으로 뻗쳐 물을 끌어당기고, 다리는 양쪽을 모아 위아래로 움직이며 발등으로 물을 차고 나아가는 헤엄'이라고 되어 있다. 봐서는 딱히 '나비'의 움직임과도 비슷해 보이지 않는다. 생각해 보니 수영을 시작한 후 '버터플라이'라는 단어를 들었을 때 '나비'보다는 접영을 떠올리기가 쉬웠다. 그러니 국어사전에 떡하니 '버터플라이=접영'이라고 나와있으니 친근함이 드는 것이다.

 버터플라이가 영문 의미로 '나비'라는 뜻을 갖고 있다는 것을 머릿속에서 지워버리고, 콩글리시 감성으로 단어를 이해하면 접영의 느낌을 이해하기가 더 쉽다. 버터는 미끌거리는 느낌을 자아내는데, 접영은 물에서 미끄러지듯이 나아가는 운동이기 때문이다. 플라이라는 단어에는 날아가는 이미지가 바로 떠오른다. 물속에서 매끄럽게 웨이브 쳐서 물 밖으로 날아갔다가 다시 물속으로 미끄러져 나가는 영법이 바로 접영이다. 버터플라이라는 단어의 의미가 접영으로 이어지기 위해서는 몸동작을 떠올리고 이해해야 하는 과정을 거치는 것처럼, 접영은 몸을 분절시켜 동작을 상상하고 이해해야 그나마 흉내라도 낼 수 있다.

일대일로 한 사람 한 사람 붙잡고 가르쳐 주면 끝도 없는 게 접영이라, 간혹 수업에서 말로만 설명해 주는 경우도 있다. 게다가 사람마다 접영이 잘 안되는 이유가 다른데, 이것이 다른 영법보다도 설명하기가 까다롭기 그지없다. 발차기 힘이 약해서일 수도 있고, 허리 근육이 약해서일 수도 있고, 허리 근육을 잘못 써서일 수도 있고, 발차기와 팔 동작 타이밍이 달라서일 수도 있고, 이 모든 것들이 다 잘 된다고 해도 숨쉬기 한 번 잘못하면 고꾸라지는 것이 접영이다. 무호흡으로 하면 리듬 타는 것이 쉬워질 수 있으나, 자세 잡는 데엔 그다지 도움이 안된다.(게다가 접영 초보의 경우 무호흡이 쉽지 않다.) 팔이 수면보다 너무 높이 뜨면 리듬을 타지 못해 몸이 물 밖으로 올라오지 못하고 '나 살려라' 접영처럼 보인다. '나 살려라' 접영은 물의 저항을 상체가 다 받기 때문에 힘도 들고 속도도 느려진다. (어깨도 다친다.) 내 경우, 접영은 웨이브 운동이라고 하길래 머리부터 웨이브를 탔다가 팔도 웨이브를 타서 전체적으로 꾸물거리는 애벌레처럼 물속을 파고들었다. 본래 가슴과 등만 웨이브를 타고 머리는 그 몸짓에 자연스럽게 끄덕여지는 정도로 움직여야 접영 자세가 잘 나온다. (다리는 발차기 영역으로 따로 분리해서 생각해야 한다.) 몸을 분절시켜 움직임을 연습하고 그걸 잘 버무려야 접영으로 물을 헤쳐나갈 수 있다. 그런데 이걸 처음부터 한 번에 되는 경우는 별로 없다. 처음 배웠을 때 접영이 바로 됐다는 사람들 대부분은 발차기 힘으로 접영 동작을 흉내내는 경우가 많다. 처음에 자세가 잘 잡히기도 전에 힘으로 물을 헤쳐나가는 경험을 하게 되다 보니, 결국 자세 잡는 걸 신경쓰지 않게 된다. 그래서 다들 '나 살려라' 만세 접영을 하다가 허리가 나가고 목 디스크가 온다. 접영이 어렵다고 하는 건 한 번에 될 리가 없는 영법인데다, 잘한다고 착각하다가 병나기 쉽기 때문이다. 그러니 얼마나 서글픈 영법인가?

앞서 버터플라이가 헬스의 가슴운동을 뜻하기도 한다고 했다. 접영은 가슴으로 물을 누르는 영법이다. 접영을 할 줄 아는 단계가 되었다면 앞으로 나아가기 위한 동작을 조금씩 연습해야 하는데, 그

중 하나가 '가슴누르기'다. 우리가 팔을 위로 뻗은 다음에 허리를 펴는 느낌으로 힘을 주면 가슴이 앞으로 나오게 된다. 그렇게 수면을 가슴으로 누른다고 생각하면 된다. 물 속에서 팔을 돌린 후 기지개를 펴듯 팔을 더 쭉 뻗고 가슴을 앞으로 더 내밀면, 물을 가슴으로 자연스럽게 누르게 된다. 그 찰나에 등과 허리는 웨이브를 타고, 다리는 발차기를 준비한다. 이 동작은 나비가 번데기에서 빠져나와 활강을 준비하는 태도와도 느낌이 닮아있다. 이제 곧 날아오르기 위해 발돋움 하려는 준비자세, 가슴을 접었다 펴면서 날갯짓을 하고 날아오르는 나비의 움직임, 그것이 접영과 닮았다.

도착지점에 도달할 때까지 리듬을 타며, 그 리듬에 맞게 몸을 섬세하게 조절해야 하는 접영, 나는 수영을 시작하고 6년 뒤에나 동작을 조금씩 이해하기 시작했다. 등과 가슴이 물의 파동에 맞추어 웨이브치면 머리와 다리는 탄력있게 움직임을 뒤따른다. 어느 하나 순서가 어긋나거나, 억지로 머리와 다리를 움직이려들면 걷다가 넘어지는 것처럼 물의 파동이 횡에서 종 방향으로 바뀐다. 그 순간 모든 잘못된 것이 폭발하는 것처럼 물은 부수어져 흰 거품을 만들어낸다. 그 물거품 속에서는 앞이 보이지 않는다. 흰 물거품이 온몸을 감싸다가 다시 사라질 때쯤, 나는 다른 이들과 달리 홀로 서있다. 물의 흐름과는 전혀 다른 방향으로 서있는 나를 인식한다. 이질감을 느끼고서야 비로소 나는 사람이라는 것을 인식한다. 움직임을 다시 어렵게 만들어내야 하는, 물고기가 아닌 사람이라는 것을. 그것이 물 안에서는 좀 서운하다.

생존본능과 경쟁본능

저녁 7시 반, 아직 해가 얄궂이 남아있는 여름 저녁

낮 동안 달구어진 땅을 밟으며 물속을 기대한다. 노랗게 물이 든 햇빛을 받아내며, 퇴근길을 쌩하니 달리는 차가 뿜어내는 먼지를 뒤집어쓰고 걷다 보면 높은 건물 사이로 오래된 3층짜리 건물이 보인다. 일을 마치고 나서 하루 일상을 마무리하기 전, 당장 잘 살기 위해, 15분간 땀 흘리며, 얄궂은 햇빛과 찻길 먼지를 받아 가며 또 다른 터를 찾는다.

수영장에 들어서면 노란 햇빛의 열기는 어느새 날아가있고, 눈이 시릴 정도로 푸른 수영장 바닥과 찬 습기가 기다렸다는 듯 너울진다. 오늘 하루 네가 겪은 피로와 스트레스는 별것 아니라는 듯, 습기는 그것들을 무겁게 가라앉히고 푸른빛 물은 하얗게 부수어진다. 나는 살기 위해 숨을 제한하러 물속으로 발끝을 밀어 넣는다.

지난 하루 동안 내가 어떤 일을 겪고 어떤 감정

을 쌓았는지, 물길은 제 알 바가 아니다. 그저 사람들이 움직이는 만큼 너울져 파도를 일으키고, 시시각각 그들이 어그러지길 기다렸다가, 조금이라도 틈이 보이면 비집고 들어와 코를 따갑게 한다. 입으로 몰려들어와 소리를 삼키게 만들기도 한다. 그러고는 숨을 틀어쥔다.

살기 위해 산다. 살아내기 위해 뭔가에 시간을 들이고 익히려 들며, 익힌 것을 실천한다.
살아내기 위해 경쟁한다. 싫어도 경쟁하게끔 만드는 사회 내에서 살아내기 위해 이겨야만 한다고 여긴다.

햇빛 삼켜낸 열기는 살아낸 증명이었다. 푸른 물기운은 살기 위해 끌어온 시린 숨이었다. 살기 위해 열기를 걷어내고, 죽지 않고 살아있다는 걸 알기 위해 물살을 일으킨다.

수영을 하다 보면 생존 본능과 경쟁 본능을 눈으로, 피부로 느끼게 된다. 물속에서 숨을 잘 쉬려고 수영의 자세를 완벽히 만들려 하고, 뒤따라 오는 이가 내 발을 터치하지 못하도록 발을 힘차게 찬다. 팔을 잘못 휘저어 코로 물이 들어오고 숨이 턱 막히면 잘 차던 발도 리듬을 잃고 살기 위한 버둥을 친다. 내 뒤의 사람이 내 앞 순서가 되면 묘한 위기감이 들어 몸에 과한 힘을 준다.

때로는 숨이 차고, 리듬이 어긋나면 물에 빠질 것 같고, 그러는 동안에도 내 앞의 사람과 거리를 떨어트리지 않으려 기를 쓰는 그 순간이 숨의 증명이 된다. 살아낼 힘을 가진 자의 증명.

물속에서 허우적대다 세상 밖으로 나왔다. 갑자기 코와 입으로 호흡을 마음대로 뱉고, 허공을 향해 버둥대던 손과 발은 어느새 땅을 향한다. 곧 두 발로 걸음을 시작하며 땅 위의 삶을 살아낸다. 수영장에서 나와 집으로 돌아간다.

멀리 점프하는 개구리가 되자

"저는 앞으로 나아가기 위해 몸에 붙은 네 다리를 모두 씁니다. 머리는 다리들이 움직일 때 드는 반동으로 움직일 뿐이죠. 개굴! 몸통도 마찬가지입니다. 물속에 풍덩 들어간 후, 다리를 먼저 각 양옆으로 휘감아 찼다가 모으면 앞으로 나아갑니다. 추진력이 줄어들 때쯤 양 팔을 모아 앞으로 뻗어주면 또 앞으로 슝- 나가게 되죠. 귀찮을 땐 네 다리를 마구잡이로 휘저을 때도 있습니다. 속도를 낼 필요가 없을 땐 굳이 다리 움직임에 신경 쓸 필요가 없죠.

허벅지 근육이 좋은 편입니다. 땅에서 튀어 오를 때도 허벅지 근육으로 높이 오르죠. 물에서도 제 허벅지는 유용하게 쓰입니다. 근육이 좋을수록 물을 감아치는 힘이 좋거든요. 허벅지 근육이 없었다면 수명이 크게 줄어들었을 지도 모릅니다. 어쩌면 살아내라는 의미로 남다른 근육이 저에게 주어진 건 아닐까요? 주어진 근육에 힘을 더하는 건 제 몫이긴 하지만요. 위험을 피해 더 멀리 더 빠르게 튀어 오르기 위해 근육을 키워갑니다. 그렇지 않으면 저는 빨리 죽을 수밖에요. 개굴!"

평영은 개구리 영법이라고도 합니다. 우리가 수영을 본격적으로 배우기 전 흔히 물에서 헤엄치는 모양새가 개구리와 흡사한데, 평영은 그 모습과 꽤 유사합니다. 그래서인지 '물에 잘 뜨는 사람 혹은 수영을 배우진 않았지만 어떻게든 물에 떠서 앞으로 나갈 줄 아는 사람은 평영을 잘하지 않을까?'라고 생각합니다. 더불어 물에 잘 뜨지 못하고 개구리처럼 수영하지도 못하는 사람은 평영을 못하는 건 틀림없는 사실일 수도 있겠다 싶습니다. 이건 경험담입니다.

평영은 자유형, 배영, 접영과는 구조적으로 다른 영법입니다. 힘이라도 어떻게든 쓰면 앞으로 나아갈 수 있는 세 영법과는 달리 평영은 힘을 쓴다고 되는 일이 아니거든요. 오히려 힘만 쓰다가는 물만 먹죠. 팔과 다리를 동시에 휘저어서도 안 되고 다리 동작이 어그러져도, 팔 동작이 재빠르지 못해도 앞으로 안 나가는 영법입니다. 게다가 단순한 동작도 아니죠. 팔은 물을 가른 후에 재빨리 물을 모아 앞으로 내뿜어야 하고요, 다리는 W 혹은 V 모양으로 접었다가 빠르게 물을 휘어감으며 길게 뻗어야 하죠. 여기서 중요한 건 물의 저항입니다. 평영은 물의 저항을 적절히 이용하는 영법이니까요. 물의 저항을 이겨내는 것이 아니라, 적절히 이용하고 또 버려야 하죠. 사람은 뭔가를 적절히 이용하고 또 버리는 것에 익숙하지 않게 태어난다고 믿습니다. 그래서 훈련을 받죠. 학교를 다니고 사회생활을 하면서. 잘만 해내면 이용능력을 월등하게 활용할 수 있는 사람이 될 거예요. 꼭 평영과 같죠.

평영을 처음 배울 땐 '나는 평영을 영영 못할 수도 있겠다' 싶었습니다. 평소 자세를 세세하게 봐주던 수영 강사님이 제 팔을 교정해 주다가 팔을 물속으로 내팽개친 적도 있죠. 그래도 그 강사님이 끝까지 저를 포기하지 않은 덕에 어느 정도 평영을 구사하게 되었습니다. 다리도 마찬가지였죠. 가뜩이나 발목을 여러 번 접질렸던 적이 있는 저는 무릎과 발목을 유연하게 돌리는 게 아직도 쉽지 않습니다.

되도록이면 물의 저항을 받지 않되, 저항을 반동 삼아 앞으로 나아가는 평영은 멀리뛰기와 닮았습니다. 근육의 수축과 이완으로, 순간의 힘을 쏟아내어 멀리 나가는 것이 비슷하죠. 그래서 다른 영법보다도 평영을 해내고 싶어졌습니다. 삶을 꾸준히 지속해 나가는 것보다는 한 번에 훅 튀어 오르는 그 멋진 곡선을 삶에서 그려내고 싶었던 것 같습니다. 품은 덜 들이고 더 폼 나게 살고 싶었지요. 그런데 평영을 계속하다 보니 평영도 다른 영법과 다를 바 없더라고요. 모양새가 다를 뿐 근육이 쓰이고 풀어지는 모습은 같더라고요. 물에서 훅 튀어 오르는 순간을 쉽게 구사할 수 있을 것만 같고, 숨은 덜 차니 힘들이지 않고 멋있어 보이겠다 싶었거든요. '평영을 하면 순간적으로만 힘을 쓰니까 숨을 컨트롤하기 쉽겠다'라고 착각한 거죠. 하지만 평영도 자유형이나 배영이나 접영처럼 숨이 가파 오르는 건 매한가지였어요. 오히려 숨은 고르게 쉬어야 하는데 힘은 순간적으로 써야 하는 불균형이 생겼고요. 정말 어려웠어요.

결국 그 어려움 속에서 저는 또 착각을 하고 맙니다. '꾸준히'만 하면 어떻게든 될 것이라는 착각. 평영은 꾸준히만 하면 나아지는 영법이 아니었습니다. '잘'해야 되더라고요. 개구리의 폴짝 떠오르는 힘은 '살아내기 위한' 노력이라고 하면 평영은 앞으로 보다 더 잘 나아가기 위한 뽐내기 수영법이었어요. 평영은 '멋'이 들어가야 하는 수영이라고 생각해요. 팔도 빠르게 휘감아서 뻗어야 하고, 다리도 돌려 차야 하잖아요? 게다가 평영은 사람마다 맞는 동작이 따로 있더라고요. 어떤 사람은 팔을 넓게 벌려야 한다, 어떤 사람은 팔을 좁게 벌리고 물을 찍어 눌러야 한다, 물 위로 많이 떠야 한다, 아니다 수면을 스치듯이 떠오르기만 하면 된다, 다리는 좁게 벌리고 빠르게 움직여야 한다, 초보 때는 다리 움직임의 폭을 넓히는 게 더 쉽다 등등. 그리고 이 모든 것이 정답이라는 점 때문에 평영은 멋있고 또 어렵습니다.

평영에 적응하는데 다른 사람들보다 더 오랜 시간이 걸렸지만, 결론적으로 속도가 느리긴 해도 자세는 좋다는 이야기를 듣게 되었습니다. 연수반이 된 지금은, 빠르지는 않아도 앞사람과의 거리가 멀어지지 않게 따라갈 정도는 되었지요. 포기하지 않았고, 유튜브 영상을 보고 공부하며, 잘하는 사람의 평영 동작과 제 평영 동작을 비교하여 기록해놓고 수시로 보고 연습하면서 이만치 평영을 하게 되었습니다. 오늘도 평영을 대 여섯 바퀴는 돌고 왔지요. 개구리를 다시 떠올려봅니다. 우리는 개구리의 뛰어오름을 그저 행동으로만 기억합니다. 뛰어오름에도 사람마다 차이가 있지 않을까요? 살아남기 위한, 더 높게 뛰어 더 멀리 착지하기 위한 동작이 사람마다 조금씩은 다르지 않을까요? 오늘도 어떻게 평영 해야 멋있게 동작을 구사하며, 속도를 높일 수 있을지를 고민해 봅니다. 저는 역시 꾸준히만 하는 사람이고 싶지 않나 봐요.

지혜로운 헤엄

주말에 접영, 자유형 영상을 찍었습니다. 천장 드론과 물속 카메라로 찍은 영상을 보는데 충격적이더라고요. 사실 그때 어떻게 했는지 기억은 안 나도 '잘 하지 않았나?'라고 생각했었는데, 엉망진창이었습니다. 접영은 '나 살려라'였고, 힘이 빠져서인지 다리는 동시에 차질 못하고 자유형처럼 타당타당 차다가 자세가 다 무너졌습니다. 그나마 자유형은 접영보다는 낫다고 생각했는데 드론에 찍힌 걸 보니 제 기대보다는 못하더라고요. 그래서 한 번 보고는 사진첩 화면에서 나가버리고 말았습니다.

그래도 자세 보려고 찍은 거니 보기 싫은 마음 꾹꾹 눌러가며 사진첩을 다시 열고 영상을 반복해서 봤습니다. 잘 안되는 부분을 반복해서 보고, 고쳐나갈 점을 체크했죠. 그렇게 반복해 가면서 보니까 잘 하고 있는 부분도 보이더라고요? 아주 못한 부분은 컨디션 좋지 않을 때 나타날 수 있는 특별한 부분이니 고쳐보자는 마음이 들었고, 중간중간 나쁘지 않은 부분은 평상시 내가 잘 하던 자세인가 싶었습니다. 계속 보다보니 또 마음에 들어서 영상을 편집해 잘한 부분만 가져다 붙이니 꽤 그럴듯해 보여 SNS에도 올렸네요.

만약 자괴감에 빠졌던 상황에서 영상을 영영 묻어두었다면, 자괴감 때문에 수태기(일명, 수영 권태기)가 왔을 수도 있겠지요. 제 장점 중 하나가 잘못한 부분을 인정하려 노력하고, 잘한 부분도 같이 발견한다는 점이 아닐까 싶습니다. 잘 못하는 부분이 영영 지속되는 것도 아니고 고치면 된다 생각하고요. 잘한 부분은 스스로 칭찬하는 거죠. 어쩌면 우울한 성정을 가졌음에도 삶을 살아보겠다 계속 마음먹게 되는 건 이런 성향 때문일지도요. 잘 살지 못하고 있는 지점을 인정하고, 고칠 수 있음을 알고, 잘 살아온 부분을 짚어 삶의 자신감을 얻는 일은 삶을 잘 살아가기 위해 터득한 지혜일 수도 있겠습니다.

플립턴

플립턴 특강을 들으러 갔습니다. 플립턴이란 수영할 때 벽 끝에서 몸을 반 바퀴 회전해서 벽을 두 다리로 힘차게 치고 앞으로 나가는 걸 말해요. 더욱 쉽게 할 수 있는 사이드턴 (회전하지 않고 벽을 치고 가는 턴)을 할 줄은 알고, 강습에서 돌 때는 그 정도로도 충분하지만 그래도 해내고 싶더라고요. 플립턴은 몇 년 전에도 몇 번씩 수업을 받은 적이 있기는 한데요. 몸이 안 좋았을 시기여서 제대로 배우지 못하고 시간만 흘렀어요. 그렇게 차일피일 미루다가 지금에서야 제대로 배워보네요.

플립턴을 연습할 땐 먼저 360도 도는 걸 먼저 해요. 물속에서 온전히 360도 도는 건 물에 적응이 안 된 사람에게는 좀 공포스러운 일이기도 합니다. 몇 년 전 제가 그랬거든요. 수영을 할 줄 알지만 물을 무서워해서 물속에서 몸을 허우적대는 게 너무나 두려웠습니다. 그냥 한 바퀴 도는 일일뿐인데 물을 먹지 않고, 숨을 길게 내뿜기만 해도 성공이라고 생각할 정도였죠. 뭐 어떻게 돌긴 해도 어떻게 어떤 동작으로 돌았는지는 전혀 가늠할 수 없었어요. 그

건 아마 몸속에 깊이 스며든 물 공포가 몸과 뇌를 지배했기 때문이었을 겁니다.

깊은 물에서도 어느 정도 숨을 여유로이 조절할 수 있게 된 요즘, 플립턴 연습할 때 망설이지 않습니다. 무섭다는 생각이 들지 않거든요. 몸 안의 공포가 사라지니 물속에서 제가 어떻게 동작하는지 보이기 시작했어요. 동작이 보이면 그만큼 어떻게 해야겠다는 감이 생기기 마련이죠. 예전에는 어쩌다 한 번 플립턴에 성공해도 어떻게 몸이 움직였는지를 기억할 수 없어서 '어쩌다 한 번, 해프닝'으로 끝났지만, 이제는 성공하는 순간이 늘어날수록 몸을 어떻게 놀려야 할지 머릿속에 그려집니다. 사실 플립턴에 어떻게 적응했는지를 쓰려고 했는데, 쓰다 보니 몸속 공포가 수영 방해자였다는 걸 알게 됐네요. 겁만 먹지 않으면 된다는걸요. 과거에 '선천적인 건 어쩔 수 없어'라고 한계를 두었던 제가 떠오릅니다. 지금의 나는 그때의 나에게 어떤 말을 해줄 수 있을까요?

가장 못하는 걸 꾸준히 하기

잘하는 것만 하는 삶을 살아왔다. 고3 때는 좋아하니 성적이 잘 나오던 '생물'만 주구장창 공부했었고, 생뚱맞게 의류학과에 들어가 놓고서는 옷을 다루는 일이 아닌 글을 쓰는 사람이 되었다. 잘하는 일이었으니 당연히 누군가에게 인정을 받았고, 결과도 좋았다. 그러니 잘하는 것이 편했고, 그것을 선택하는 것이 당연했다. 삶을 효율적으로 살았다. 그러다 칭찬보다는 한숨소리를 더 듣는 수영을 택했고, 그것이 어쩌다 10년이나 이어졌다.

나에게 수영은 물을 극복하기 위한 도전 과제였고, 하지 않아도 누가 뭐라 하지 않으니 늘 미뤄두는 것이었다. 더운 여름날 폭염 기운에 머리가 살짝 돌지 않았다면 계속 미뤘을지도, 영영 물에 들어갈 일이 없었을지도 모른다. 어쨌든 폭염 때문에 홧김에 수영을 등록했고, 수영을 시작하자마자 일평생 들을 일이 없었던 핀잔과 한숨소리와 호통을 계속 듣게 됐다.

"그렇게 발 차면 여기 레인으로 안 들여보내 줄

거야!"

 수영 첫날 들었던 소리다. 수영을 아주 처음 배우는 사람들은 물속으로 바로 들여보내지 않는다. 물에 뜰 수 있는 동작과 물속에서 호흡을 하지 않다가 물 밖에서 숨을 뱉어내는 연습을 먼저 한다. 그 후에 수면이 무릎 정도로만 올라오는 풀에 걸터앉아 발차기를 하는데, 운동을 한 적이 없는 물렁한 다리는 물보라를 제대로 일으키지를 못했다. 강사님에게 호통을 들은 데다 물을 무서워하는 나는 포기하고 싶은 마음이 들었을까?

 그 마음은 손톱만큼도 생기지 않았다. 포기는커녕 "그렇게 약하게 차면 수영 절대 안 돼!" "발을 왜 그렇게 차!" "그렇게 하면 진급 안 시킬 거야!"라고 수영장이 울릴 듯 쩌렁쩌렁 내뱉는 저 강사님의 입을 다물게 하기 위해서 어떻게든 시키는 것들을 해내야겠다 싶었다. 물 공포보다 수치심을 극복하겠다는 오기가 더 컸다. 나와 같이 들어온 초급반 친구들과 비교당하는 수치 또한 오기를 자극했다. 몸을 움직이는 활동은 신체능력에 따라 배움의 시기가 달라질 수밖에 없다. 하지만 그걸 경험하지 못한, '잘하는 것만 하는 삶을 산' 나로서는 그것을 받아들이기 힘들었다. '저 친구가 배영을 배우는데 나는 배우지 못한다?' 그건 뒤처지는 기분을 자극했다.

다행히 수영의 배움은 초급 때가 전부는 아니었고, 한 영법을 정확하게 다 배우고 다른 영법을 배우는 것이 아닌 교차적으로 교육이 진행됐다. 자유형은 못해도 배영은 빨리 배울 수도, 자유형은 잘해도 평영은 잘 못할 수도 있었다. 자유형과 동시에 다른 영법들을 배우면서 급했던 마음이 좀 가라앉았다. 오기만 가득해서 해내려 했다면 3-4개월 만에 포기했을 지도 모르지만 '내가 잘할 수 있는 영법이 뭔가는 있겠지' 하는 희망이 수영하는 날을 늘렸다.

어느 순간 25m도 힘들어 못 가겠던 자유형이 100m를 돌아도 숨에 여유가 생길 정도로 확 늘었다. 안 되던 게 꾸준히 연습한 결과로 인해 갑자기 되던 순간, 그 순간 희열이 주는 기쁨이 몸 곳곳에 전달되는 느낌이 들었다. "그렇게 하면 수영 진급 안 시킬 거야"라는 말을 보란 듯이 발로 차 버릴 수 있는 희열. 그전까지만 해도 될 때까지 하겠다는 오기로 수영을 했다면, 자유형 숨이 트이는 순간부터는 그 희열의 기쁨이 주는 행복을 알아서 몸이 저절로 움직이는 수영을 하게 됐다. 어느새 수영 10년 차가 됐다. 수영을 못하게 되면 몸이 물을 찾고, 물에 몸이 젖는 순간 몸에 피가 도는 것 같으며, 아직도 배울게 많이 남아있다는 것에 흥분하는, 삶을 깨우는 이 몸짓을 아직도 꾸준히 이어간다.

고뇌와 우울은 수용성

겨우내 눌러왔던 무기력함이 오늘은 절정이었는지 혹은 절정을 찍으러 도약하는지 절망의 기운이 느껴졌다. 수영하러 가는 길의 공상은 끊겼고, 수영복을 입기 전 물을 하염없이 맞으며 '혹시 물 젓는 것도 귀찮아지면 어떡하지, 수영을 하고 나서도 우울한 절망이 지속되면 어떡하지' 걱정을 했다. 어제까지만 해도 무기력함을 수영으로 극복해내던 참이었다. 수영만 하면 나아질 거라는 희망이 있었는데, 오늘은 그 희망이 옅어지고 그 자리에 불안이 찾아온 것이다. 만약 수영을 했는데도 불안이 녹지 않고 수영하기 전 무기력이 그대로 이어진다면, 수영이 무기력의 마지노선이었는데 그마저 허물어진다면 성벽이 무너지는 것처럼 나는 쓰러지고 말 텐데. 그걸 경험해봤고, 그 증상이 무엇인지를 알고, 그 어두컴컴한 영역을 혼자 힘으로 견뎌내기란 지독히도 외로운 일이라는 걸 알아서 무서웠다. 우울은 수용성이라지만 우울증은 물에 녹는 데 한계가 있는, 다른 경계의 영역이니까. 뜨거운 물로 몸을 녹이며 떨어지는 힘을 겨우 붙잡고, 더 떨어지기 전에 재빨리 수영장으로 내려간다. 사람을 만나고 떠

들썩거리는 강사님의 잔소리를 들으면 억지로라도 반응을 해야 하니까, 그러면 그 반응을 반동삼아 힘이 나니까. 그리고 망설이지 않고 바로 자유형으로 몸을 푼다. 팔을 젓고, 다리를 차고, 일정하게 숨을 쉬며, 무기력을 끌어오던 고뇌를 잠깐 잊는다. 고뇌의 힘은 참 대단하다. 무기력을 가져오는 고뇌는 그 힘이 더욱 엄청나다. 일을 할 때에도 밥을 먹을 때에도 누워서 핸드폰을 들여다볼 때에도 어김없이 몇 분마다 찾아와 머리를 멍하게 한다. 그런데 그 고뇌가 물속에서는 자기 힘을 발휘하지 못한다. 일단 몸이 살고 봐야 해서 팔을 젓고, 다리를 차고, 물 밖으로 일정하게 고개를 내밀어 숨을 쉬어야 하니까. 잠시라도 고뇌가 그것들을 방해하면 고뇌의 주인인 몸이 죽을 수도 있다는 위기에 휩싸이니까. 고뇌와 우울은 수용성이 맞았다. 처음으로 들었던 의심이 해소되고 나면, 다음번에는 '전에도 이런 적이 있었지'라고 위안할 수 있는 생각이 한층 쌓인다. 하루 뒤면 또다시 고뇌는 힘을 얻고, 기운은 힘을 잃을 수도 있다. 그래도 나는 수영이라는 희망을 가지고 있어서, 아주 불안하지 않을 수 있다.

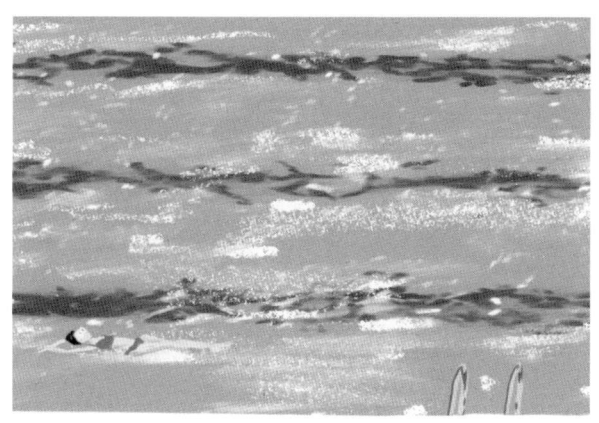

지구력 기르기

자유형 EN 훈련을 했다. Endurance training. 인내력 훈련으로 자유형을 시간 내에 동일한 타임대로 들어와야 한다. 50미터를 10회 도는데, 10번을 돌아야 하니 전력 질주를 해서도 안 되고, 힘을 절약한답시고 천천히 갈 수도 없다. 5회 이후부터는 중간중간 포기하고 싶다는 마음이 울컥울컥 들고, 중간에 멈추는 건 자존심이 허락하질 않으니 포기하고 싶은 마음을 주먹질하듯 꾹꾹 누른다.

도중에 포기할 수 없는 마음으로 몸이 괴로워 생각이 없어진 것도 잠시, 중간중간 배웠던 자세를 떠올리고 적용해보려 한다. 몸이 괴로워 아무 생각이 들지 않는 시간은 영원하지 않다. 몸은 쓸모 있게도, 조금 더 힘을 가지고 그만큼 더 나아질 수 있는 여건을 생각한다. 쉬고 싶은 마음을 억누르는 일은 때론 나의 한계선을 조금 더 멀리 두는 일일 수도 있는 것이다. '계속 누우면 얼마나 편하고 재미있는데'라는 마음이 오래되면, 몸을 일으켜 하는 일에 대한 무용을 느끼고 그 무용은 때로는 무기력이 된다. 가끔 이렇게 몸을 깨우고, 훈련시키는 일을 해내고 나면 그 무기력을 주먹질하며 에너지를 깨우는 것이다. 마지막 자유형 100미터에서 그간 울컥하며 포기하고 싶은 마음이 있었다는 것도 잊어버리고, 끝까지 있는 힘을 쥐어짜냈다. 나는 조금 더 나아졌다.

수영이 끝난 후, 이런저런 핑계로 책 읽기를 미루었던 나는 카페에 앉아 억지로 책 페이지를 펼쳐 보았다. 자유형 훈련으로 생긴 에너지의 파동을 이어 나가본 것이다. 역시나 읽지 않은 것보다 읽었을 때 영감이 새록새록 부풀어 오른다. 그저 해야 하는 일 때문에 오히려 아무것도 하지 않으며 멍 때렸다면 떠오르지 않았을 이 영감이 지금 해야 하는 일과 공부를 해내도록 하는 기본 에너지가 되겠지.

습관의 확장

스마트폰 카드 케이스에 내일 갈 스포츠센터의 카드로 바꾸어 끼워놓고 있으니(격일로 다른 센터 수영장에 가다 보니 카드를 계속 바꿔둬야 한다.), 습관이 잡힌다는 것이 좋다는 감각이 느껴졌다. 습관이 잡힌다는 건 좋아하는 일 또는 해야 하는 일이 절로 몸에 배었다는 뜻이다. 그리고 그렇게 몸에 밴다는 건 내가 더 넓고 커졌다는 느낌이라 좋게 느껴지는 듯 하다.

　수영 그 자체도 좋지만, 수영을 하기 위해 수영 전후로 가져야 하는 일과들이 내 몸에 박혀 척척해낼 때의 뿌듯함이 좋다. 누구는 귀찮아할 수 있는 걸 아무렇지 않게 밥 먹는 일처럼 하는 것. 그것에 대한 감각이 특별하게 느껴질 때가 가끔 있다. 역시 그것은 굳이 하지 않아도 되는 일을 부러 해내고 있다는 보람일까. 그걸 기꺼이 해내는 것은 부지런함의 근거이며, 스스로 부지런해짐을 느낀다는 건 일상을 잘 살아가고 있다고 증명하는 일이니까.

삶의 폭죽

4명이서 나란히 스타트대에 선다. 곧 강사님의 호루라기 소리에 맞추어 물에 뛰어든다. 몸이 유선형으로 수면과 평행해지면 곧바로 웨이브를 치며 앞으로 나아간다. 이후 발을 차며 수면으로 오르면서 팔로 물을 잡아 뒤로 무겁게 밀면 다른 팔이 곧바로 머리 앞 수면을 치며 들어간다. 이 모든 동작에 쉴 틈이라고는 없다. 옆 사람에게 선두를 내주지 않기 위해 숨 쉬는 것도 잊고 무아지경으로 몸짓을 잇는다. 그러다 보면 느슨해지고 싶은 마음이 드는데, 이때 느슨해지면 힘이 떨어져 1초 뒤에 더 힘들어진다. 그것을 알기에 이를 악물며 지금의 힘듦을 견딘다. 고통의 역치가 한 번 지나고 나면 어느덧 T 자가 보인다. 다 왔다. 팔을 벽면에 터치하면서 고개를 들어 올리면 익숙해서 존재감조차 없던 공기가 폭죽 터지듯이 느껴진다. 삶으로 태어난 아가가 세상 밖으로 나와 처음 공기를 들이켰을 때에도, 그렇게 삶의 폭죽이 팡팡 터지는 느낌이었을까?

2016년 7월에 수영을 시작하고 어느덧 10년 차가 되었다. 무릎 위로 물이 올라오면 무서워서 꼼짝도 못 하던 사람이 이제는 물속 깊이 머리부터 들이밀어 보는 사람이 되었다. 워터파크에서도 물을 무서워하지 않고 싶어서 시도했던 수영은 워터파크에서만이 아니라 절망에서 나를 구하고 일상을 깨끗하게 정리해 주었다. 수영을 하지 않았더라면 삶이 더욱 빠르게 무너졌을 수도, 회복하지 못했을 수도 있겠다는 생각을 한다. 그만큼 수영은 내 일상을 무거운 버팀목이 되어주었다. 처음에는 하기 싫다는 생각을 한 번도 하지 않았을 정도로 푹 빠져있었고, 지겹지 않을까 고민할 필요가 없었던 데다, 연수반에서 뺑뺑이만 돌 때쯤에는 '수영을 갔다 온 것이 수영을 하지 않고 미룰 때보다도 분명히 좋다'는 걸 알아서 몸이 절로 움직였다. 더 배울 것이 없다고 생각한 것은 자만이었고, 그 자만을 쉽게 깨우치고 배워야 한다는 마음이 자연스럽게 들어서 기운이 났고, 그 기운으로 미래를 준비하며 기대한다.

수영 인생 목표

: 접영 멋있게 하는 할머니

수영을 너무 좋아해서 책으로 만드는 것이 더없이 겁이 났습니다. 선언하면 그만큼 좋아하는 마음이 더 강해져야 할 것만 같고, 그러다 마음이 떨어지는 때가 있으니까요. 그럼에도 내 삶의 큰 퍼센티지를 차지하는 수영을 이야기하지 않고서는 못 배기겠더라고요. 10년 한 것치고는 글밥은 적지만, 그만큼 강렬한 감정을 꽤 오래 반복해서 느끼고 있다는 걸 반증하는 것이라고 생각해 주시면 좋겠습니다.

헤엄과 리듬
ⓒ 강민경 2025

1판 1쇄 2025년 7월 8일

지은이 강민경
편집 강민경
디자인 강민경
펴낸곳 스튜디오 이끼
출판등록 2022년 1월 21일 제2002-000003호
전자우편 studio_itgi@naver.com
인스타그램 @studio_itgi

ISBN 979-11-977861-3-6(02810)

* 이 책의 판권은 작가와 스튜디오 이끼에 있습니다.
  이 책 내용의 전부 또는 일부를 재사용하려면 반드시 양측 동의를 받아야 합니다.

* 잘못된 책은 스튜디오 이끼에서 교환해드립니다.

studio it,gi